DE LA

SEPTENNALITÉ

ET

DE SES CONSÉQUENCES.

DE LA

SEPTENNALITÉ

ET

DE SES CONSÉQUENCES,

PAR F. DELARUE,

DU PUY-DE-DÔME.

PARIS,

CHEZ PERSAN ET Cie, ÉDITEURS,

RUE DE L'ARBRE-SEC; N° 22,

Et chez les Libraires du Palais-Royal.

1824.

DÉDICACE.

A MESSIEURS

LES ÉLECTEURS.

<hr>

En vous soumettant, Messieurs, le résultat de mes réflexions sur la grande question qui va bientôt vous occuper, mon seul but a été d'être utile à mon pays, et j'ai pensé qu'il devait tout attendre de votre patriotisme éclairé, de votre amour pour la légitimité, et du zèle qui vous anime, ainsi que tous les autres Français, pour le bien public.

Heureux si ces réflexions, que je vous dédie, contribuent à fortifier votre conviction !

Songez que la France attend avec calme votre décision, et qu'elle est persuadée d'avance qu'elle sera conforme à ses vœux, qui sont aussi les vôtres, puisqu'elle désire le bonheur de tous, le règne des lois et la stabilité de la monarchie légitime et constitutionnelle, telle enfin que la veut Sa Majesté.

DE LA

SEPTENNALITÉ

ET

DE SES CONSÉQUENCES.

Depuis que S. M. Louis XVIII a octroyé la Charte aux Français, elle est devenue la base fondamentale de notre législation, puisque c'est d'elle en quelque sorte que découlent maintenant toutes les autres lois pour se mettre en concordance avec elle ; mais, si cette loi importante, qui émane du trône et qui est en même temps l'expression libre de sa pleine volonté, est une concession royale faite aux sujets en faveur des progrès de la civilisation pour la prospérité de l'Etat, n'est-ce pas une raison péremptoire qui prouve que le Souverain a conservé le droit d'en modifier quelques-uns des articles réglementaires, lorsque cette modification, généralement désirée, ne peut avoir que des résultats favorables, et lorsque l'expérience et le temps ont démontré qu'elle est d'une indispenble nécessité?

Si l'on refusait au Roi le droit d'améliorer et de consolider son ouvrage, malgré le désir de ses peuples et sa propre conviction, il faudrait convenir alors que la royauté a cessé de l'être, et que les peuples ne sont plus gouvernés dans leur propre intérêt.

Nous sommes loin sans doute de réclamer pour la France le retour du pouvoir absolu, parce qu'avec lui reviendraient nécessairement des lois qui ne seraient plus concordantes avec nos mœurs, et qu'alors elles cesseraient d'être dans l'intérêt du trône, qui n'a lui-même d'autre intérêt que le bonheur général. Cette vérité, pas assez sentie, est cependant beaucoup plus importante qu'on ne pense, parce qu'avec elle, il est facile de résoudre une infinité de questions en faveur des trônes légitimes, et qui sans elles resteraient toujours insolues.

Etablissons donc d'abord que le Souverain en France, comme dans tous les autres Etats monarchiques, trouve ses droits, son bonheur et sa puissance dans le bonheur de ses sujets, et nous verrons ensuite que les sujets, ou les citoyens, n'ont pas de plus sûres garanties de leurs droits que dans la personne du souverain légitime et dans les actes qui émane de sa volonté ; que, hors de là, il n'y a plus que désordre, ou tout au plus simulacre de gouvernement, avec des conséquences aussi terribles pour le prince que pour les citoyens. Et d'abord, qu'est-ce qu'un souverain légitime, nous dira-t-on, et en qui réside la souveraineté ? Le souverain légitime est né père de l'Etat, et sa souveraineté est tout entière dans ses droits de père.

En effet, si nous remontons à l'origine des sociétés, nous y voyons les premières monarchies régies et gouvernées par des patriarches, ou, en d'autres termes, par un père souverain, qui lui-même tenait sa puissance de la même manière, et cette puissance de souveraineté, qu'il nous serait facile de retrouver dans les Etats monarchiques de l'Europe, toute paternelle, telle qu'elle est en effet et telle aussi que nous la concevons, est un droit accordé par Dieu même à tout père sur sa famille, comme à tout souverain sur la grande famille, ou à l'Etat. Or donc, si le père seul a le droit dans toutes les sociétés humaines d'administrer les intérêts de ses enfans et d'employer tout ce qu'il juge convenable pour assurer leur bonheur, à plus forte raison, le souverain, qui est le père né de tous ses sujets, réunit-il à lui seul tous ces droits. C'est aussi à Dieu seul qu'il doit rendre compte de sa conduite et de ses actions. Telle est à notre sens la souveraineté légitime, et tels sont les droits du souverain.

D'après ces principes, qui sont de toute vérité, il serait donc aussi ridicule de soutenir que la souveraineté réside dans le peuple, qui la donne ensuite à qui il lui plaît, que de soutenir que des enfans peuvent se choisir un père. Que l'on ne dise pas non plus que le souverain tire tout son pouvoir d'une mission divine. Sans doute, tout souverain légitime l'est par la grâce de Dieu, qui a permis qu'il naquît souverain, mais cela n'indique pas que le roi souverain ait reçu sa puissance et son droit de souveraineté de Dieu seul, puisqu'il est constant qu'il les tient également de la génération. S'il en était autrement, il n'y aurait donc plus de légitimes souverains que ceux qui professent la véritable religion, la religion catholique, ce qui serait tout aussi absurde; car, s'il en était ainsi, un usurpateur pourrait à son tour se regarder et se faire croire comme ayant reçu une mission divine, et par conséquent se dire souverain légitime. Mais abandonnons ce vaste champ de méditations, et hâtons-nous de poser pour dernier point de conviction, les deux questions suivantes :

Les peuples sont-ils pour les rois, ou les rois sont-ils pour les peuples ?

Répondons aussi laconiquement, que les uns sont pour l'autre ce que les enfans sont pour leur père : car ainsi se trouve résolu ce grand problême, pour la solution duquel il ne faut qu'un moment de réflexion, et cette solution est tellement vraie, qu'il est impossible de ne pas reconnaître avec elle la légitimité souveraine, sans laquelle il n'y a plus qu'usurpation, anarchie et renversement de toute vérité.

Ces principes une fois posés, et leur vérité demontrée, voyons si Sa Majesté ne doit pas encore, comme responsable de l'administration de ses enfans envers Dieu, faire tout ce qui peut dépendre d'elle pour leur assurer la stabilité de leurs droits, et leur bonheur présent. Si personne ne peut lui contester ce droit, par quels motifs voudrait-on donc limiter cette puissance royale, dont les effets sont toujours si utiles aux citoyens? N'est-il donc pas démontré par l'expérience de tous les temps, qu'un souverain ne saurait abandonner ses droits sans causer les plus grands maux à ses sujets?

Il est vrai de dire aussi que la concession faite par le souverain à ses sujets, doit être aussi sacrée que celle du père à ses enfans.

Mais lorsque cette concession, bien que très-avantageuse, est encore susceptible de le devenir davantage par quelques légères modifications, me répondra-t-on que le père doit rester insensible à sa propre conviction, et refuser à ses enfans une amélioration qui, en rendant plus heureuse la position de ces derniers, les rendrait également plus reconnaissans et plus respectueux? On ne penserait pas qu'un raisonnement semblable pût trouver des apologistes; cependant il a de terribles défenseurs. Ces défenseurs sont-ils de bonne foi?...... Il ne m'appartient pas de scruter les consciences; mais il est constant qu'ils sont ou dans une bien grande erreur, ou qu'ils sont bien coupables. C'est ce qu'il nous sera très-facile de prouver.

En physique, lorsqu'un rayon lumineux ne fait que fortifier davantage la masse de lumière qui éclaire un objet, faut-il pour cela crier à la destruction du tableau? En morale, si une vérité jusqu'alors inconnue, est mise en évidence par une main habile, faut-il pour cela croire toutes les autres vérités morales en danger, et rejeter sans examen aucun, la vérité que le génie vient de mettre à la portée de tout le monde? Et en politique enfin, si quelques-uns des articles d'une loi fondamentale peuvent être modifiés en donnant plus de force et plus de stabilité à cette même loi et à son esprit, faut-il crier à la destruction, mettre toutes les passions en mouvement, et leur faire répéter jusqu'à satiété qu'il y a du danger à l'améliorer? De même qu'un édifice non couvert, quelque solide qu'il soit, ne peut que mieux se trouver lorsqu'il sera abrité, parce qu'il résistera plus long-temps alors aux injures du temps; de même aussi une loi ne peut résister long-temps à toutes les secousses politiques, qu'autant que les articles qui doivent la protéger contre ces orages, seront conçus de manière à rendre les terribles effets du temps nuls contre sa solidité. Dès-lors, il est donc démontré qu'une amélioration de cette nature est de toute nécessité, et il y aurait crime et concussion de la part des dépositaires du pouvoir, s'ils négligeaient seulement l'occasion de faire cette amélioration.

En faisant maintenant l'application de ces principes généraux à la Charte constitutionnelle des Français, après avoir prouvé que le gouvernement du Roi abandonnerait imparfait l'ouvrage de l'auguste auteur de la Charte, s'il ne cherchait à introduire les améliorations que l'expérience a fait juger nécessaires, sans cependant toucher à l'esprit de cette loi, qui est en même temps une garantie pour le trône et les sujets; et après avoir prouvé, enfin, que le Roi a tous les droits possibles, de quelque manière qu'il s'y prenne, pour manifester sa volonté royale, examinons ensuite si la modification de l'art. 37 de la Charte, tel que le conçoivent les ministres, sera avantageuse au trône et à la nation, et si enfin cette loi fondamentale doit en être endommagée ou seulement protégée?

Que dit l'article 37 de la Charte ? *que les députés sont élus pour cinq ans , et que la Chambre se renouvelle par cinquième tous les ans.* Selon le projet avoué du ministère, la Chambre des députés sera appelée dans la prochaine session à donner son avis sur une modification de cet article, modification qui , en détruisant le renouvellement partiel , porterait à sept années consécutives la nomination des députés au lieu de cinq ; et ce projet de la part du gouvernement du Roi , vient d'être la cause de la dissolution d'une Chambre sur la quelle le trône et le ministère pouvait également compter. Voilà où en sont les choses maintenant.

En supposant que l'on puisse avoir des doutes sur la loyauté des ministres , nul doute qu'au premier aperçu il ne paraisse à tout homme raisonnable qu'une pareille catastrophe , *la dissolution d'une Chambre toute monarchique* , ne peut qu'être très-défavorable à l'état , et avoir été provoquée par les ennemis mêmes du Roi ; aussi n'est-il pas surprenant que des royalistes si souvent trompés dans leur attente aient été fortement contris en apprenant la dissolution de la Chambre. Cependant la question est si grave en elle-même qu'elle a dû mériter nécessairement, de la part du ministère une sévère attention avant de le décider à ce coup d'état. Sous ce rapport, les royalistes de bonne foi, et je pense que tous ceux qui sont royalistes ne sauraient être autrement, auraient dû aussi de leur côté, mûrement y réfléchir avant de se déclarer pour ou contre. C'est donc uniquement, sous ce rapport, qu'il est affligeant de voir que des hommes du plus grand mérite et des meilleures intentions, aient, selon nous, commis une faute majeure, et dont plus tard ils auront peut-être à se repentir, lorsqu'ils auront mis un peu plus de réflexion.

En effet, qui plus que les royalistes sont intéressés à la conservation du trône des Bourbons, trône légitime de France ? qui plus que les royalistes sont encore intéressés au complément des institutions qui nous manquent après dix années de restauration, institutions si souvent promises par le ministère existant et cependant toujours ajournées par le ministère remplaçant? qui plus que les royalistes sont intéressés à la conservation des principes de la Charte, puisque cette loi émanée du trône est la sauvegarde du trône et le *palladium* de tous les royalistes, de tous les Français? Qui plus que les royalistes désirent le bonheur des générations présentes et futures? Qui plus qu'eux-mêmes, enfin, sont prêts à de grands sacrifices pour l'obtenir?

C'est, disons-nous, parceque toutes ces vérités sont démontrées, qu'il serait pénible de voir des amis fervents et amans intrépides des institutions grandes, nobles, généreuses et des lois sauves-gardes de nos libertés; des amis qui ont toujours combattu pour la même cause et sous les mêmes bannières, déserter des rangs dans lesquels ils doivent rester pour combattre tous ensemble et assurer par leur accord un succès d'autant plus honorable que les actions de grâces de nos enfans et de nos neveux en seront la noble récompense.

Nous avons dit que le Roi légitime, comme père de son peuple, avait le droit de lui accorder toutes les concessions qu'il croyait utiles à son bonheur et qu'il avait également celui de modifier les articles réglémentaires de ces concessions, lorsqu'il avait acquis la conviction de l'impérieuse nécessité de ces modifications, nous irons plus loin encore, nous dirons qu'il le doit comme souverain, comme père.

Sans doute que S. M. Louis XVIII a acquis la conviction de l'impérieuse nécessité de modifier l'article 37 de la Charte, article 37 qui, au surplus, ne peut être regardé que comme un article réglementaire de cette loi ; sans doute aussi qu'il a à lui seul le pouvoir de la modifier ; mais le Roi de France, quoique l'homme le plus éclairé de son royaume, veut bien dans cette circonstance interroger les lumières de ses peuples et recevoir les avis de leurs mandataires pour s'assurer si la conviction qu'il a acquise est réellement partagée par la majorité de ses sujets. Certainement on ne peut pas refuser non plus au Roi le pouvoir d'interroger ses enfans sur les améliorations qu'il se propose de faire à son ouvrage ; puisqu'il pourrait les faire à lui seul par son droit de souverain, d'après sa propre conviction ? mais telle n'a pas été la pensée de l'auguste auteur de la Charte. Et ses ministres ne manqueraient-ils pas à leur devoir s'ils ne profitaient de l'expérience pour arriver au plutôt au complément de nos lois, et s'ils négligeaient les moyens les plus sûrs qui doivent nous y conduire ?

Mais avant d'examiner le fond de la question, parcourons ici les raisons que les adversaires de la septennalité mettent en avant pour la réfuter, et comme nous ne cherchons que la vérité, peut-être y trouverons-nous les argumens les plus forts pour leur répondre et leur prouver en même temps que les uns sont dans l'erreur, tandis que les autres profitent de la circonstance pour attaquer la légitimité et sapper les fondemens de la monarchie. Les premiers, pour la plupart, sont des royalistes purs, qui, éclairés par l'expérience des temps passés, craignent avant tout les ministres et leurs projets, lors mêmes qu'ils pourraient leur appliquer ce passage de l'Énéide de Virgile *Dona ferentes* : en effet, trompés depuis dix ans dans leur espérance pour les institutions qu'ils ont attendu en vain pour la France, n'a-t-il pas été scandaleux pour eux, comme pour tons les Français en général, de voir des hommes qui pouvaient faire le bien et qui cependant n'ont jamais pensé qu'à leur intérêt personnel ? N'a-t-il pas été douloureux et affligeant de voir des ministres, enfin, investis de la confiance entière du monarque, s'en servir pour paralyser l'élan des Chambres et avilir la France au point de ne plus la faire regarder par les Français eux-mêmes que comme une puissance du second ordre et un foyer de conspiration permanente contre les trônes (1)? N'est-il pas

____

(1) Motifs présumés de l'ordonnance du 5 septembre. Conspirations de Lyon, de Grenoble, etc.

constant, enfin, que tous les ministères qui se sont succédés jusqu'à ce jour, ont toujours préféré user de leur influence et de leur crédit pour perpétuer un pouvoir éphémère, qu'ils n'ont pu cependant retenir entre leurs mains, que de faire réellement leur devoir en complétant cette législation que nous attendons depuis si long-temps, et qui pouvait seule leur sauver leurs portefeuilles et leur mériter notre reconnaissance ?

Sans doute que ces antécédens ne parlent guère en faveur du ministère actuel, et sont de terribles armes contre tous les projets qui pourraient donner une longue durée à leur existence politique; mais ils deviennent des présomptions accablantes si l'on réflechit que les ministres n'ont encore rien fait depuis plus de deux ans, que date leur existence, pour mériter une confiance sans réserve ; on doit même leur reprocher leur hésitation pour la guerre d'Espagne, quand tout au monde indiquait son impérieuse nécessité, et de n'avoir obéi qu'à la force des circonstances qui les a entraînés dans la bonne voie, presque malgré eux, et ce, dans un moment où ils n'avaient plus de moyens de salut que d'entreprendre la guerre pour ne mettre bas les armes qu'après le renversement de l'hydre révolutionnaire dans la Péninsule.

Voilà, selon nous, les argumens les plus forts que de bons royalistes puissent mettre et mettent réellement en avant pour s'opposer au projet de la septennalité. Ils ont cependant ajouté encore que l'élection, telle qu'elle est, a amené une Chambre toute royaliste, cela est encore vrai, et qu'en conséquence il ne peut y avoir que de mauvaises intentions de la part d'un ministère qui renvoie une Chambre toute dévouée à la royauté pour obtenir une Chambre septennale qui peut l'être moins; que leur projet, si jamais il était adopté, renverserait toutes les garanties que les royalistes trouvent dans le renouvellement partiel; qu'une fois assurés d'une existence de sept années, les ministres ne tiendront plus les promesses qu'il font aujourd'hui; que le passé est là ainsi que la conduite elle-même du ministère, pour nous faire pressentir tout ce que nous aurions à en attendre; enfin , que l'article 57 , ainsi modifié à leur profit, serait une atteinte portée à la Charte, atteinte aussi inutile à la monarchie qu'aux citoyens.

En récapitulant tous ces griefs, bien qu'il soit démontré que tous les ministères qui se sont si rapidement succédés depuis la restauration aient presque toujours agi dans un sens opposé aux véritables intérêts de la France, ce qui n'est plus contesté par personne , est-ce une preuve suffisarte aujourd'hui pour accuser le ministère présent de l'incapacité, pour ne dire rien de plus, de ceux qui l'ont dévancé? Ce n'est tout au plus qu'une présomption.

N'est-il pas constant, au contraire, que le ministère actuel a fait ses armes contre les ministères précédens, et qu'il les a faites précisément en combattant à la tête des royalistes, dont il a toujours soutenu les véritables principes qui sont ceux de la légitimité, et en demandant les institutions les plus capables de donner de la considération à l'Etat et des garanties aux citoyens? Dès-lors n'est-il pas souverainement injuste de ne faire aucune exception, à moins que de reconnaître comme un fait (ce qui dégraderait l'espèce humaine au dernier degré), qu'il suffit à des hommes vertueux, et animés des meilleures intentions, d'arriver au ministère pour cesser d'être vertueux, et pour concourir ensuite à la ruine de nos libertés et au renversement du trône? Il faudrait donc alors se résoudre à ne plus compter sur rien, pas même sur les promesses les plus solennelles et sur les sermens les plus saints. Heureusement pour l'espèce humaine que sa dégradation n'est pas arrivée et n'arrivera jamais à ce degré de perfection.

Mais ne disent-ils pas à qui veut l'entendre, que depuis deux ans que date l'existence du ministère actuel, il n'a encore rien fait qui puisse lui mériter la confiance des royalistes, et que surtout il a beaucoup hésité pour entreprendre la guerre d'Espagne, cependant si nécessaire pour renverser les projets des révolutionnaires? Je le demande, maintenant que les événemens ont été aussi heureux que les royalistes pouvaient l'espérer, ne serait-il pas de toute iniquité d'accuser le ministère de tiédeur, quand tous les hommes qui avaient joué précédemment un rôle important dans les fastes les plus compliqués des saturnales politiques de la France, venaient de toutes parts, vantant d'abord leur dévouement personnel et sans bornes à la dynastie des Bourbons, crier ensuite à tue-tête que cette guerre était injuste, qu'elle allait compromettre pour jamais la stabilité du trône de Saint-Louis, qu'elle ne devait jamais réussir, *que leur longue expérience était là, et qu'elle devait compter pour quelque chose* (1)?

Quelque disposé que fût le ministère, de faire la guerre, n'était-il pas bien raisonnable à lui de se défier un peu de ses propres lumières, et de consulter avant d'agir les véritables intérêts de cette France, qu'ils devaient préserver du danger, et qu'ils ne vou-

______

(1) Discours de M. le prince de Talleyrand, à la Chambre des pairs 1823.

laient pas témérairement engager dans une lutte que des hommes, qui eux-mêmes avaient été ministres du roi, annonçaient comme devant renverser le trône d'Espagne, compromettre celui de France, et n'avoir enfin que les conséquences les plus fâcheuses?

Si le ministère a hésité pendant qu'il a cru qu'il pouvait y avoir du danger pour la France, bien que la chose ne fût pas ainsi (et ce que ne cessaient de lui démontrer chaque jour ses véritables amis), aussi avec quelle loyauté n'a-t-il pas abandonné cette politique vacillante, qui jusque-là l'avait tenu en charte privée, lorsqu'il a pu acquérir par lui-même la nécessité de cette guerre? Avec quelle activité n'a-t-il pas soutenu cette même guerre? avec quel désintéressement n'a-t-il pas su faire agir les nombreux bataillons qu'il avait chargés de la soutenir? Avec quelle religieuse observation n'a-t-il pas suivi de point en point les promesses solennelles de notre Roi, en ne s'occupant que du rétablissement d'un Bourbon sur le trône de ses pères, sans s'immiscer en quoi que ce soit dans le gouvernement qu'il plairait à ce roi libre de donner à ses peuples ?

Disons-le donc avec franchise : si le ministère avait commis une faute grave, même très-grave selon nous, par sa politique incertaine, et en retardant, de tout son pouvoir, une guerre toute monarchique contre la dernière tête révolutionnaire, il l'a généreusement réparée en avouant sa faute et en marchant ensuite avec intrépidité dans le sentier de ses devoirs.

Enfin, quelles institutions ont-ils données à la France ? Quelle loi monarchique est sortie de leurs cartons depuis deux ans ? A ces questions, qui sont pressantes sans doute, je demanderai à mon tour quel est ce temps qu'ont pu avoir les ministres pour proposer ces projets depuis si long-temps attendus ? Tout leur temps n'a-t-il pas été occupé pour faire cesser le provisoire des budgets, et pour soutenir enfin et terminer si glorieusement cette guerre d'Espagne, qui a donné à la légitimité une armée si puissante, en faisant expirer dans ses derniers retranchemens le monstre des révolutions?

Or, si les ministres n'ont pas pu morale-
ment s'occuper, malgré l'urgence, des lois que
nous sollicitons, leur doit-on faire un crime
de cette impossibilé morale? Auraient-ils pu
faire davantage? Cela est encore possible;
mais dans leur position, ils ont fait tout ce
qu'ils ont pu, et les succès que la monarchie obtient chaque jour par leur administration, ne peuvent que s'accroître de plus en
plus, si les mêmes principes sont suivi avec
persévérance.

Enfin les libéraux de bonne foi, mais qui
n'ont pas assez réfléchi sur les conséquences
d'une administration vicieuse, voyant l'article 37 de la Charte, menacé d'une modification importante, font *chorus* avec les royalistes opposans, et crient de leur côté à la destruction de ce *palladium* de nos libertés,
comme si une modification à un article réglé-
mentaire pouvait changer, en quoi que ce
soit, l'esprit et le principe de ce *palladium*.
N'est-ce pas un peu téméraire de leur part
que de vouloir faire partager à tous les au-

tres citoyens l'erreur qu'ils ont sur un point mal conçu ? Pour peu que les uns et les autres y réfléchissent, ils conviendront : qu'il importe peu que les élections soient, à l'avenir, septennales ou quinquennales, puisqu'elles ne changent rien au principe de l'élection, qui est consacré par la Charte. Mais si la forme seulement s'en trouve modifiée par le rejet du renouvellement par cinquième, ce dont la conséquence a dû compter pour quelque chose dans l'esprit de l'auguste auteur de la Charte, et si de cette conséquence doit résulter des effets presque nuls dans un cas, et très-favorables dans l'autre, auquel des deux faut-il accorder la préférence ?...... Faudra-t-il un grand effort de raisonnement pour décider cette question ? Non sans doute. Eh bien donc, si avec le renouvellement de la chambre des députés par cinquième chaque année, comme l'indique l'article 37, ce renouvellement, qui en apparence semble être plus favorable à l'émulation des électeurs de la France, et à la vitalité électorale, ne fait en définitive

que paralyser la marche du gouvernement
par l'incertitude dans laquelle il laisse le ministère après chaque renouvellement (puisque dans un gouvernement représentatif le
ministère doit marcher avec la majorité de
la chambre élective), et s'il est constant que
cette majorité peut chaque année éprouver
un changement, il s'ensuivrait donc que chaque année il faudrait un ministère nouveau.
L'on conçoit que c'est alors une grande
chance pour les ambitieux; mais la France
monarchique peut-elle bien se trouver de
cet état de choses? C'est parce que l'expérience a prouvé irrévocablement le contraire; c'est parce que les lois qu'elle attend
depuis long-temps sont toujours ajournées
à chaque session; c'est parce qu'enfin chaque ministère nouveau n'a pas assez de temps
pour remplir tous ses devoirs qui se ratta-
chent cependant de si près aux vœux de tous
les Français, qu'il est nécessaire, qu'il est
temps enfin d'arriver à une période plus longue, et pendant laquelle il n'y aura plus
d'excuses, si elle est adoptée, pour que les

ministres ne tiennent pas toutes les obliga-
tions qu'ils contractent en arrivant au timon
des affaires. Nous allons voir bientôt que la
Charte ne saurait éprouver aucune atteinte
par la modification projetée de l'article 37.

Mais examinons maintenant si les décla-
mations furibondes et les jérémiades de tout
ce que la révolution a produit de plus exalté
en France, peuvent être de quelque poids
dans la balance des probabilités contre le
projet des ministres, concernant le même
article 37 de la Charte.

Et d'abord, que signifient des déclama-
tions dénuées de preuves, même probables?
certainement rien. Pense-t-on, et les Français pourraient-ils s'abuser à ce point, que
parce qu'ils sont appelés à choisir des député
auxquels on proposera peut-être, et très-cons-
titutionnellement, la modification utile d'un
article réglementaire de la Charte, que ces
mêmes députés prononceront bientôt, sur
la proposition du ministère, l'abolition si-
multanée de tous les articles de cette même
Charte, sauvegarde de leurs droits, comme

le plus ferme soutien du trône ? Pense-t-on épouvanter les électeurs, en leur annonçant que votant la main sur la conscience, ils voteront l'asservissement de la France, s'ils portent les candidats du ministère ? Ces absurdités sont trop grandes ; elles frappent trop les esprits pour mériter de notre part une sérieuse réfutation.

Mais, penserait-on donner le change à l'opinion publique en lui représentant comme funeste un désir formé par tous les honnêtes gens ; désir qui, depuis long-temps, aurait dû être passé en force de loi, parce qu'il est juste et monarchique ? Je veux parler de l'indemnité due aux émigrés.

Pourquoi, lorsque le gouvernement du Roi a si religieusement acquitté toutes les dettes de la France révolutionnaire, même celles contractées pendant les cent jours, voudrait-on lui faire un crime d'acquitter une dette sacrée de la monarchie et de la légitimité souveraine, dette qui, acquittée, ramènera l'union parmi les citoyens, donnera de la valeur à certaines propriétés, et cessera de contrarier un principe admis dans tous les codes qui régissent les peuples civilisés, principe sacré, qui veut que toute propriété cédée à l'État, pour l'intérêt public, soit estimée préalablement, et sa valeur, accordée en dédommagement au propriétaire? Serait-ce parce que le gouvernement du Roi n'a pas voulu se couvrir de l'ignominie de la confiscation, qu'on voudrait aujourd'hui qu'il en usât envers ceux de ses sujets dont tout le crime est d'avoir été ou plus vertueux que les autres, ou d'avoir cherché un asile chez l'étranger pour conserver leurs têtes, mises à prix pour la plupart, et que le monstre de la révolution française n'aurait pas manqué de faire tomber sur un échafaud?

Nous osons le dire, nous royalistes qui connaissons les intérêts de la France monarchique et constitutionnelle, nous osons le dire, nous, que cette France tant calomniée par les révolutionnaires, ne désire rien tant que de voir exécuter une mesure juste, mesure désirée aussi ardemment par les propriétaires actuels que par tous les autres citoyens, mais qui répugne, par cette raison même au-delà de toute expression, à ces fauteurs de désordre, qui voulant précipiter nôtre belle patrie dans de nouveaux malheurs, au moment où elle arrive enfin au port de son salut, cherchent vainement encore à donner le change à l'opinion publique, opinion qui cependant est bien prononcée contre eux.

Ces défenseurs si bénévoles de toutes usurpations et ces coryphées de troubles, pensent-ils en imposer encore à cette classe si laborieuse et si intéressante de la société, en épouvantant, par des ombres chinoises et la fantasmagorie la plus hideuse, toutes les branches du commerce et de l'industrie, en leur représentant que les maîtrises et les corporations détruisent toute espèce de liberté commerciale, asservissent les citoyens en les conduisant à la glèbe, et que le ministère veut les rétablir dans cette vue? Pensent-ils que les commerçans sont assez dépourvus de bon sens et de raison pour croire sur parole à des impostures semblables? N'ont-ils pas continuellement chaque jour devant les yeux de nombreux et frappans exemples qui leur prouvent le contraire? Ne savent-ils pas que la liberté indéfinie du commerce, telle que l'entendent nos révolutionnaires, n'est autre chose qu'une licence d'impunité pour le vol et le brigandage; que, loin de présenter aucun avantage pour le commerce, elle ne fait au contraire que d'exposer les plus honnêtes négocians à se voir ravir en un seul instant toute la perspective de leur bonheur et tous les moyens d'existence de leur famille; et cela parce qu'un homme sans aveu, sans honneur et sans probité, devenu leur voisin, a combiné par avance sa faillite, pour l'exécution de laquelle il vend, au comptant, à moitié prix de fabrique, assemble ensuite ses créanciers, et leur offre comme un gage de sa générosité douze à vingt pour cent et quelquefois moins encore?

Cet honnête artisan qui, avec son travail et de la conduite, pouvait soutenir une famille nombreuse, voyez-le tomber dans la

misère la plus affreuse, parce que son com-
pagnon, habitué à ses pratiques, vient s'éta-
blir à sa porte, et les lui enlève comme un
voleur de grands chemins demanderait la
bourse aux passans.

Si le gouvernement a réellement l'inten-
tion de rétablir l'ordre dans le commerce
et le bonheur dans la classe nombreuse des
commerçans et des artisans, jamais moment
n'a été plus favorable pour la réinstitution
des corporations et des maîtrises. Les efforts
que font nos exaltés pour s'y opposer, ont
tellement convaincu toutes les classes inté-
ressées de cette nécessité, que l'on peut dire
aujourd'hui que les dix - neuf vingtièmes
soupirent après ces institutions.

Nous n'examinerons pas tous les avantages que le gouvernement retirerait d'une
loi aussi juste et si vivement désirée; ils sont
incalculables. Cela est tellement vrai que les
premiers désorganisateurs de l'ordre social
en France, ne crurent jamais pouvoir arriver à leur but avant le renversement de ces
corporations et de ces maîtrises ; aussi l'ex-

périence a prouvé s'ils avaient raison ou non. La génération présente peut en juger aussi tous les jours à son tour.

Il est un fait constant, et nous le soumettons aux méditations du pouvoir, c'est que les hommes ne deviennent pour la plupart pervers et méchans que parce qu'ils ne sont pas sûrs des moyens de leur existence avenir; et que, tourmentés par cette crainte, ils veulent tous faire fortune en un jour, dès le moment qu'ils ont acquis la conviction qu'avec de l'ordre, de la probité et du temps, il n'y a rien d'assuré pour eux.

Quant aux autres grands chevaux de bataille que mettent en avant ces éternels Don Quichottes anti-monarchiques, tels que la dotation du clergé en immeubles, l'institution du droit d'aînesse, la reddition des actes de l'état civil au clergé, etc., il ne m'appartient pas de scruter les vues du ministère à cet égard, et quoique nous soyons certains que toutes ces rêveries ne sont, de la part des révolutionnaires, que des chevaux de frise qu'ils mettent en avant du champ de

bataille, pour les élections prochaines ; je-
tons cependant un coup-d'œil sur ces grands
mots de dotation du clergé, de droits d'aînesse, etc., et voyons s'il y a là de quoi épouvanter les électeurs, et leur faire donner dans
le piége qu'on leur tend. Je ne suis certainement pas le confident des ministres, mais je
suis bien certain aussi que nos adversaires ne
le sont pas plus que moi.

L'institution du droit d'aînesse n'est-elle
pas en quelque sorte consacrée par le Code,
puisque le père peut, à son choix, disposer
du tiers ou du quart de sa fortune en faveur
de celui de ses enfans qu'il en juge le plus
digne? Je ne vois donc pas trop ce que pourrait faire de plus une loi qui serait peut-être
moins monarchique et surtout moins juste.

Quant à la dotation du clergé en immeubles, n'existe-t-il pas une loi déjà ancienne
qui permet au clergé d'accepter des dona-
tions? et, par son effet successif, il arrivera
certainement un jour que le clergé ne sera
plus à la charge de l'Etat, et que sa dotation sera complète en immeubles. Pourquoi

donc crier contre une loi qui existe depuis long-temps?...

Pour ce qui regarde les actes de l'état civil, s'il est démontré que ces actes sont toujours suivis de cérémonies religieuses et de sacremens, et que des actes émanés des ecclésiastiques compétans consacrent légalement l'existence; je ne vois pas trop en quoi il y aurait un si grand mal à économiser le temps des citoyens, et à leur en éviter un double emploi et des frais de plus. En définitif, la morale n'y gagnerait-elle pas aussi infiniment? Les avantages en sont si faciles à saisir qu'il n'est pas besoin de raisonnement pour convaincre de leur vérité.

L'éducation de la jeunesse, confiée au clergé : A quoi bon s'acharner contre la classe où il y a le plus de lumières, et où il existe certainement le plus de désintéressement? Si ce sont là cependant les qualités requises pour montrer à la jeunesse les vrais principes de l'honneur en l'instruisant, pourquoi voudrait-on en exclure le clergé? Loin de nous, sans doute, de prétendre que de bons pères de famille ne sont pas capables de donner de bons principes, ils le sont certainement sous tous les rapports, mais il ne s'ensuit pas pour cela une incapacité absolue pour le clergé.

On voit donc, avec un peu d'attention, que toutes les clameurs d'un parti expirant et vaincu sur tous les points du continent ne sauraient plus en imposer à une génération aussi éclairée que véritablement amante de l'ordre et de la justice sans lesquels il n'y a plus de stabilité. Loin donc que les écrits furibonds des coryphées de la faction anti-nationale puissent être nuisibles en influençant défavorablement les élections prochaines, ils ne feront au contraire qu'avertir les électeurs du danger qui les menace, et sous ce rapport, ils auront même servi l'intérêt de la monarchie et des citoyens.

En prenant maintenant les choses dans l'état où nous les avons amenées, il ne nous reste plus qu'à examiner le fond de la question, qui seul peut justifier la septennalité dans le cas où cette septennalité présenterait de grands avantages pour l'État.

Nous avons vu déjà qu'on ne pouvait pas refuser au Roi le droit de proposer à son peuple ou aux Chambres qui le représentent, tout ce qu'il croit utile à la consolidation de son trône et à la prospérité de l'État; et si nous examinons le dispositif de la Charte, nous y voyons que son auguste auteur, tout en y concédant à *perpétuité* les principes généraux comme irrévocables, ne s'en était pas moins réservé la faculté, *de concert avec les Chambres*, de faire les modifications de quelques-uns de ses *articles réglementaires*, modifications que le temps pourrait indiquer par la suite comme devant en fortifier davantage les principes, étendre son ouvrage plus parfait et plus durable.

Or, d'après la Charte elle-même (puisque c'est dans son dispositif que nous devons aller chercher sa véritable interprétation), ne voyons-nous pas que le Roi, en l'octroyant, a déclaré sa volonté souveraine, et s'est réservé expressément la faculté dont lui et son gouvernement veulent user aujourd'hui ?

Si donc le ministère persiste, comme on n'en doute pas, à présenter, dans la prochaine session, le projet de septennalité, nous devons convenir que dans cette vue le gouvernement du roi a montré la plus grande preuve de désintéressement personnel que l'on puisse concevoir de la part des dépositaires du pouvoir, toujours prêts, pour la plupart, à sacrifier les intérêts généraux pour leur satisfaction personnelle et la conservation de leurs portefeuilles. Lors donc que le ministère, pénétré, quant à lui, des avantages d'une Chambre septennale, dissout une Chambre toute dévouée et toute royaliste, n'est-ce pas la preuve la plus victorieuse que l'on puisse désirer, qu'il veut gouverner loyalement, et faire de la politique *Cartes sur table ?* Sachons-lui donc gré au moins de n'avoir pas eu assez de présomption pour se *croire infaillible.*

En effet, la dissolution de la Chambre ne prouve-t-elle pas que le ministère veut savoir la véritable opinion de la France sur son projet, et qu'il serait lui-même le premier à l'abandonner, s'il avait la pensée qu'il ne fût pas d'une grande et impérieuse nécessité? Les électeurs ne savent-ils pas bien quels sont les projets du ministère? Les a-t-il cachés? Ainsi donc, si la France les trouve dans son intérêt, nul doute que ses députés ne viennent confirmer par leurs votes les désirs du ministère et les vœux de la France. Mais dans le cas contraire, l'exemple du ministère ne sera pas perdu pour la patrie, et il pourra se retirer avec le sentiment d'avoir fait son devoir.

Comme il ne reste plus aucun doute qu'il ne soit très-constitutionnel de mettre en discussion les modifications de l'art. 37 de la Charte; puisque, je le répète, le Roi s'est réservé cette faculté, il ne s'agit donc plus que de savoir s'il y a réellement de l'avantage ou non à le modifier dans le sens avoué du ministère ; et par ce motif, examinons donc les raisons des ministres.

Que disent-ils? qu'avec le renouvellement partiel chaque année, les opérations des élections ne leur laissent pas assez de temps pour mûrir et réfléchir les projets de lois qu'ils voudraient présenter aux Chambres, et qu'enfin la versatilité de la majorité les oblige presque toujours, ou de changer de système, ou de se retirer du ministère, ce qui revient au même ; que de bonnes lois ne s'improvisent pas ; que l'expérience a fait justice, depuis dix ans que nous jouissons du système constitutionnel, de ces improvisations nécessitées par la circonstance, et que même les lois qui nous restent seraient infailliblement plus concordantes si les ministères qui les ont proposées et les Chambres qui les ont votées avaient pu compter les uns et les autres sur un laps de temps plus long, temps toujours prêt à leur échapper. Ils citent à ce sujet l'exemple de la Grande-Bretagne, dont la septennalité du parlement permet aux ministres et à ce parlement d'atteindre le but le plus avantageux possible dans la confection des lois, sans que cependant la monarchie soit un seul instant en danger.

Ces raisons sont fortes, et elles doivent nécessairement compter pour beaucoup dans la solution de la question que nous nous proposons de résoudre. Mais, objecte-t-on aux ministres, si la septennalité est votée, un ministère anti-national mettra toutes les libertés de la France dans son portefeuille, si une fois il a la majorité dans la Chambre élective.

- Il est très-facile de repousser une pareille supposition.

En admettant que le Roi ait été assez mal conseillé pour prendre ses ministres dans les rangs des ennemis de son trône et de l'Etat, et en supposant que ce ministère parvienne à capter la majorité de la Chambre élective (ce qui est presque impossible en France), l'homme raisonnable peut-il concevoir que les observations de la minorité ne produiront pas alors tous les effets de la vérité sur l'âme du monarque, et que, dans ce cas, il n'usera pas de toute sa puissance royale ; et qu'il ne se hâtera pas de dissoudre la Chambre et de renvoyer de dangereux conseillers? Ainsi donc, en supposant la position la plus défavorable possible, le trône garantira toujours les citoyens contre les attaques d'un ministère prévaricateur et d'une Chambre vendue et subjuguée par lui. Mais, s'il n'y a aucune crainte à concevoir de la septennalité introduite comme en Angleterre dans la Chambre élective de France, il n'en est pas de même des avantages qu'elle présente.

Nous avons vu dans quelle position se trouvait le ministère à chaque convocation des Chambres ; nous avons vu qu'il était obligé de préparer à la hâte des projets de lois mal conçus, que des législations subséquentes avaient été obligées de modifier à leur tour, et qu'en définitive, les ministres n'avaient pas le temps moral nécessaire pour remplir dignement leurs devoirs.

Mais, la septennalité une fois admise, le ministère n'aura plus de raisons pour ajourner les lois que la France réclame depuis si long-temps ; les ministres auront tout le temps nécessaire pour les préparer d'avance et *les mûrir*, si je puis m'exprimer ainsi ; et dans le cas où ils voudraient s'endormir dans leurs fauteuils, la Chambre elle-même les réveillerait assez, puisqu'ils n'auraient plus à lui répondre que des travaux préparatoires pour les élections, ou le changement de majorité, les forcent de changer de plan, et d'ajourner à un autre temps les projets qu'ils auraient préparés d'avance.

Aurait-on par hasard la crainte de voir la Chambre redevenir ce qu'était la chambre muette de Bonaparte ? Mais sous un Bourbon, Roi légitime, tous les députés peuvent, à la tribune, soutenir leur opinion et la défendre sans crainte d'aller aux *Carrières*.

Cependant, si une chambre septennale jouit des mêmes avantages que celle renouvelée par cinquième, sans en avoir les inconvéniens, il faut donc convenir de bonne foi qu'elle sera infiniment plus avantageuse sous tous les rapports, d'après les raisons que nous avons développées ci-dessus.

Mais une Chambre septennale, dont la majorité marchera avec le ministère, ne pourra-t-elle pas renverser la Charte elle-même, soit par un coup d'Etat, soit en faisant disparaître insensiblement tous les articles qui la composent ? Bien certainement le meilleur médecin ne guérit pas de la peur, et nous n'avons pas la prétention de réfuter ceux qui, de bonne foi, se seraient fait cette opinion; mais nous leur répondrons que leur crainte serait encore plus fondée avec une chambre renouvelée par cinquième, puisqu'il pourrait arriver que, craignant de laisser échapper la circonstance, elle voulût en profiter pour faire un coup d'État.

Et en politique, de quoi a-t-on le plus à redouter ou d'un pouvoir qui n'a que peu d'instans à exister, ou de celui qui a un certain espace de temps à parcourir ? Sous ce rapport aussi la septennalité présente donc une garantie de plus.

Ce ne sont pas encore là tous les avantages de la septennalité ; avec elle, nous nous habituerons insensiblement à voir le pouvoir marcher dans l'intérêt public au lieu de penser à sa propre conservation ; notre législation s'améliorera à grands pas, et tous les citoyens y gagneront. Je me trompe, les révolutionnaires, les ambitieux et les intrigans trouveront moins souvent l'occasion les uns d'ébranler le trône, les autres de tromper et de donner le change à l'opinion publique, pour s'avancer et s'enrichir aux dépens de leurs concitoyens.

Pour récapituler la dissolution d'une chambre toute royaliste, sur laquelle le ministère pouvait compter, la convocation des colléges électoraux, après avoir fait pressentir le projet de septennalité, et les avantages qui doivent en être la conséquence pour le complément de notre législation, sont, selon nous, l'appel le plus généreux que les ministres aient pu faire à la France royaliste, en même temps qu'il prouve de leur part un noble désintéressement, car puisqu'il prouve enfin que, pénétrés du plus grand de leurs devoirs, ils ont senti qu'il était digne d'une grande nation qu'elle vînt elle-même appuyer par son vote une mesure de laquelle dépend son bonheur à venir ; et que, dans le cas où ils se seraient eux-mêmes trompés, ils étaient prêts à sacrifier leur amour-propre et leurs places mêmes, plutôt que de les conserver en usant de subterfuges et de moyens anti-constitutionnels pour arriver à leurs fins.

C'est à vous maintenant, Electeurs de toute la France, à décider la question que les ministres du Roi vous ont appelé à juger.

Si vous voulez non-seulement conserver les institutions que la Charte nous a données, mais si vous désirez que toutes les lois qui nous manquent, et qui nous sont promises depuis dix ans, ne soient plus ajournées, vous voterez pour des candidats monarchiques constitutionnels, qui, par leur position et leur fortune, vous présenteront le plus de garanties pour remplir dignement la mission dont vous les aurez investis ; et vous, royalistes, dont les opinions seraient opposées à la septennalité, vous voterez aussi pour des candidats dignes de votre choix : en le faisant, nous sommes assurés, par avance, qu'ils seront royalistes constitutionnels.

FIN.

IMPRIMERIE DE CARPENTIER-MÉRICOURT,
Rue de Grenelle-Saint-Honoré, n. 59.